AF262216

UN MOT

SUR LE CAS DE Mme LA PRINCESSE DE BAUFFREMONT

AUJOURD'HUI PRINCESSE BIBESCO.

DE LA NATURALISATION

EN PAYS ÉTRANGER

DES FEMMES SÉPARÉES DE CORPS EN FRANCE

PAR

Daniel DE FOLLEVILLE

AVOCAT A LA COUR D'APPEL DE DOUAI

ET PROFESSEUR DE CODE CIVIL A LA FACULTÉ DE DROIT.

Prix : 1 fr. 50

PARIS

A. MARESCQ aîné, Libraire-Éditeur,

17, rue Soufflot, 17.

1876

DE LA NATURALISATION

EN PAYS ÉTRANGER

DES FEMMES SÉPARÉES DE CORPS

EN FRANCE

AUTRES OUVRAGES DU MÊME AUTEUR.

Des caractères distinctifs des associations commerciales en participation (1865). Durand. Une brochure in-8°. — *Épuisée.*

Considérations générales sur l'acquisition ou la libération par l'effet du temps (1869). Thorin. 1 vol. gr. in-8°. . . . . 3 »

De l'interdiction considérée comme cause de séparation de biens judiciaire (1870). Cotillon. Une brochure in-8°. . . 1 50

Étude sur le paiement avec subrogation; ses caractères distinctifs (1871). Thorin. Une brochure in-8°. . . . . . 1 »

Programme sommaire du cours de Code civil (*Deuxième examen*), avec une *Étude sur le partage d'ascendants* (1871). Thorin. 1 vol. in-8°. 8 »

Étude sur la jonction des possessions (*art.* 2235 *du Code civil*) (1871). Marescq aîné. Une brochure in-8°. 2 50

De la revendication des titres au porteur en matière de faillite (1871). Marescq aîné. Une brochure in-8°. . . . . . 1 »

De la publicité des contrats pécuniaires de mariage, d'après la loi du 10 juillet 1850. Marescq aîné (1872). Une brochure in-8°. . 2 »

La loi du 12 août 1870 et le cours forcé des billets de la Banque de France (1872). Marescq aîné. Une brochure in-8°. . . » 50

Sommaire du cours de Code civil (*Premier examen*). Marescq aîné. Une brochure in-8°. — Seconde édition (1876). 2 50

Notion du droit et de l'obligation (quatre premières leçons d'un cours triennal de Code civil) (1873). Thorin. Une brochure in-8°. . . 2 50

De la légitimation des enfants incestueux (simple note extraite du *Recueil spécial de Jurisprudence de la Cour de Douai*, t. xxxi, p. 109 (1873). Thorin. Une brochure in-8°. . . . . » 50

De la délégation des fonctions de l'instruction aux juges suppléants (1873). Thorin. Une brochure in-8°. . . . . . » 50

Comparaison des articles 434, 443 et 479 § 1er du Code pénal (Compte rendu d'une réforme proposée par M. de Caudaveine, président de chambre à la Cour d'appel de Douai (1874). Marescq aîné. Une brochure in-8°. . . . . » 50

Essai sur la vente de la chose d'autrui (1874). Marescq aîné. 1 vol. in-8°. 3 50

De la possession précaire. (1874). Marescq aîné. Une br. in-8°. 1 50

Traité de la possession des meubles et des titres au porteur. Marescq aîné. 1 fort vol. in-8°. — Seconde édition (1875). . . 12 »

Des clauses de remploi et de la société d'acquêts sous le régime dotal (Étude suivie du programme de six cours sur la communauté réduite aux acquêts (1875). Marescq aîné. Une brochure in-8°. . . . 2 50

Du paiement du prix par l'acheteur en matière de vente (1875). Marescq aîné. Une brochure in-8°. 1 50

Introduction historique à l'étude du Code civil (1876). Marescq aîné. Une brochure in-8°. 1 50

De la promulgation et de l'application des lois et des décrets (art. 1 du Code civil combiné avec les récentes lois constitutionnelles) (1876). Marescq aîné. Une brochure in-8°. . . . . . . 1 »

UN MOT

SUR LE CAS DE Mme LA PRINCESSE DE BAUFFREMONT

AUJOURD'HUI PRINCESSE BIBESCO.

DE LA NATURALISATION

EN PAYS ÉTRANGER

DES FEMMES SÉPARÉES DE CORPS

EN FRANCE

PAR

Daniel DE FOLLEVILLE

AVOCAT A LA COUR D'APPEL DE DOUAI

ET PROFESSEUR DE CODE CIVIL A LA FACULTÉ DE DROIT.

Prix : 1 fr. 50

PARIS

A. MARESCQ aîné, Libraire-Éditeur,

17, rue Soufflot, 17.

1876

AVANT - PROPOS

Le cas de Mme la princesse de Bauffremont, aujourd'hui naturalisée en Allemagne, sans aucune autorisation soit de son mari, soit de la justice, et remariée, par application du statut national allemand, avec M. le prince Georges Bibesco, donne lieu en ce moment même à d'importants débats judiciaires dont le retentissement s'étend jusques dans la presse.

Cette situation soulève une question de droit international privé, à la fois neuve et de la plus haute gravité.

Notre éminent collègue de la Faculté de droit de Paris, M. J.-E. Labbé a consacré à cette difficulté une remarquable étude, publiée dans le *Journal du droit international privé et de la jurisprudence comparée*, n° de novembre-décembre 1875, p. 409 à 421. — M. J.-E. Labbé se prononce pour la nullité de la naturalisation obtenue par Mme la princesse de Bauffremont, parce que cette naturalisation n'a point été précédée d'une autorisation émanant, soit de M. le prince de Bauffremont, soit de la justice. Si cette conclusion est juriquement exacte, Mme la princesse

de Bauffremont n'aurait point pu contracter, comme Alle—
mande, un second mariage valable avec M. le prince
Georges Bibesco : elle serait tout simplement adultère et
bigame devant la loi.

Nous croyons, au contraire, très-fermement qu'une
femme mariée, après avoir obtenu sa séparation de corps,
a désormais recouvré une indépendance personnelle suffi-
sante pour lui permettre de se faire naturaliser en pays
étranger, sans avoir besoin d'aucune autorisation *préalable*,
soit de son mari, soit de la justice. Si ce principe est vrai,
la naturalisation de Mme la princesse de Bauffremont est
parfaitement valable, et par suite, son nouveau mariage
avec M. le prince Georges Bibesco est inattaquable au point
de vue à la fois de la loi allemande et de la loi française, à
cause des règles du statut personnel (Art. 3 du Code civil) :
car l'individu naturalisé a tous les droits d'un sujet naturel
et indigène.

La présente brochure est consacrée au développement de
cette thèse et à l'examen des objections soulevées par
M. J.-E. Labbé. C'est même la publication immédiate du
travail de notre savant collègue, qui nous a décidé à faire
paraître sans retard une étude que nous nous proposions
d'ajourner jusqu'après la solution définitive de la question
par la Cour d'appel de Paris et par la Cour de cassation.

En résumé, nous appuyons notre doctrine (déjà soutenue, en 1845, par le savant jurisconsulte Blondeau), sur
les cinq motifs principaux que voici :

1° La tradition historique, laquelle paraît bien avoir reconnu à l'époux *innocent*, bénéficiaire d'une séparation de corps, la faculté d'*aliéner* librement et définitivement son état civil, en encourant la mort civile, attachée, sous l'empire de l'ancienne jurisprudence française, à la profession religieuse : or, qui peut le plus, peut le moins : la naturalisation est une simple *transformation* de l'état civil des personnes : donc, une femme séparée de corps qui aurait pu, dans l'ancien droit, *aliéner* son état civil, recouvre, aujourd'hui au moins, la plénitude de son indépendance, quant à sa nationalité ;

2° L'unité de nationalité et l'unité de foyer domestique sont deux idées essentiellement corrélatives : or, précisément, la séparation de corps fait cesser l'unité de domicile ;

3° La femme séparée de corps peut s'*expatrier* sans le consentement de son mari, et même aller dans un pays où la naturalisation résulterait, de plein droit, de l'installation définitive avec domicile fixe ou d'une annexion fruit de la conquête. Pourquoi Mme la princesse de Bauffremont n'aurait-t-elle pas pu faire directement, ce que la loi lui reconnaissait le pouvoir de faire indirectement et par les voies détournées ? Dès que l'on admet que la femme peut changer de nationalité, dit M. Demolombe, « il ne semble pas juste de soumettre nécessairement l'exercice de ce droit au consentement personnel du mari, *surtout après la séparation de corps*. On conçoit telles circonstances dans lesquelles il serait important, pour la femme et pour ses enfants, qu'elle pût se faire naturaliser en pays étranger ; supposez, par exemple, qu'*étrangère d'abord elle - même avant son mariage*, elle ne pût pas recueillir autrement les successions qui s'ouvriraient dans sa famille » (*Cours de Code civil*, t. IV, n° cent-onze, *in fine*) ;

4° L'inviolabilité de la personne humaine et la liberté absolue de l'état civil constituent le droit constitutionnel de tout Français, homme ou femme. Il faudrait donc un texte explicitement ou implicitement prohibitif, pour retirer à une femme séparée de corps la faculté de changer sa nationalité : or, ce texte n'existe pas. D'une part, les art. 108, 212, 213 et 214, qui concernent les rapports *personnels* des époux *pendant le mariage*, et d'où M. Demolombe (t. IV, n° cent-onze, *in fine*) induit l'impossibilité pour la femme mariée *integri statûs*, « de se dénationaliser par sa seule volonté, » sont précisément atténués et relâchés par l'effet du jugement de séparation de corps. Avant donc de les invoquer à ce moment, il faudrait commencer par prouver qu'ils sont encore applicables au point de vue spécial de la naturalisation. D'autre part, les art. 1449, 215, 217 et suivants, invoqués par M. Labbé, sont exclusivement relatifs à la *gestion des biens* de la femme séparée. Ils sont complétement étrangers à la question de naturalisation et à la réglementation entre époux des rapports de personne à personne. N'y aurait-il pas d'ailleurs une singulière inconséquence légale, en présence de l'état particulier d'affranchissement personnel, que crée, dans une certaine mesure, la séparation de corps, à admettre que le mari pourrait *seul* changer librement de nationalité, en conservant le pouvoir d'arrêter par son *veto* la réalisation d'un projet semblable, formé par la femme qui n'habite plus avec lui ?

Voilà pour la loi française.

5° Enfin, au point de vue de la loi allemande, l'art. 734 du Code général prussien déclare formellement que la séparation de corps et de biens, intervenue entre catholiques, a tous les effets civils du divorce, et produit toutes les conséquences qui s'y rattachent. Ce texte ne distingue pas entre les personnes de nationalité allemande et les personnes d'une autre nationalité. L'officier de l'état civil de Berlin a donc agi correctement, *au point de vue légal*, en procédant, sur la réquisition de Mme la princesse de Bauffremont et de M. le prince Georges Bibesco, à la célébration de leur mariage. Il en devait être ainsi, soit parce que Mme la princesse de Bauffremont, étant régulièrement naturalisée Allemande, se trouvait désormais régie par le statut personnel de Prusse, soit parce que la princesse, en admettant même qu'elle fut restée Française, avait le droit d'invoquer la généralité des termes de l'art. 734 du Code civil allemand.

Tels sont les principaux motifs qui nous ont amené à conclure avec M. Blondeau, contrairement à l'opinion de notre savant collègue de la Faculté de droit de Paris, M. J.-E. Labbé, en faveur de la validité de la naturalisation obtenue par Mme la princesse de Bauffremont, comme de l'union civile qui s'en est suivie avec M. le prince Georges Bibesco.

La question est du reste controversée et controversable entre toutes, et elle appelle l'examen des publicistes, et des jurisconsultes. La difficulté est actuellement pendante devant le tribunal civil de la Seine : il est probable que la Cour d'appel de Paris et la Cour suprême seront ensuite appelées à se prononcer. Une semblable controverse aurait certainement mérité de fixer l'attention du législateur. Un texte précis et formel aurait évité bien des embarras pratiques, et fermé la porte à des procès regrettables à la fois au point de vue de l'intérêt privé des familles et au point de vue de l'intérêt supérieur de la société.

Ce 15 février 1876.

DANIEL DE FOLLEVILLE.

LE CAS

DE Mme LA PRINCESSE DE BAUFFREMONT

AUJOURD'HUI PRINCESSE BIBESCO.

Naturalisation, en pays étranger, d'une femme séparée de corps
et de biens en France : — mari français : — Défaut d'autorisation
maritale ou de justice : — Séparation de corps assimilée, en Allemagne, au divorce : — Second mariage contracté, après naturalisation, du vivant du premier mari, avec un étranger : — Situation
légale en France.

1. Mme la princesse de Bauffremont a naguère
obtenu, à la date du 1er août 1874, un arrêt de la
Cour d'appel de Paris, prononçant *à son profit* la
séparation de corps, et lui confiant la garde de ses
enfants : « Considérant, dit l'arrêt, que tous les griefs
prouvés... etc..., qu'on les considère isolément, ou
qu'on les envisage dans leur ensemble, dans leur répé-
tition fréquente et habituelle, dans leur notoriété, et
enfin dans leur caractère profondément offensant pour
la morale et la dignité du mariage, ont créé, entre les
deux époux, une infranchissable barrière, et constitué
au plus haut chef l'injure grave... prononce, etc.... »
La séparation de corps ne dissout pas, en France,
le mariage : elle dégage seulement les époux de l'obligation de vivre l'un avec l'autre, et d'avoir un domicile

commun : voyez MM. Aubry et Rau, *Cours de droit civil français*, t. i, p. 198, § 494, texte n° 1, notes 1 et suivantes. Chacun sait, du reste, quelles ont été, en cette matière, les vicissitudes de notre législation : le droit antérieur à 1789 admettait uniquement la séparation de corps : la loi du 20 septembre 1792, tit. 4, sect. 5, prohiba la séparation de corps et établit le divorce, même par consentement mutuel. Les plaintes les plus vives se firent jour : les catholiques firent observer que la nouvelle loi portait atteinte à la liberté de leur conscience, en n'admettant pas la séparation de corps, le seul palliatif dont ils puissent user sans trahir leur foi religieuse. Le Code civil de 1804, dans les art. 229 à 311, a voulu faire de l'éclectisme, et établir une sorte de transaction entre les principes opposés. A cet effet, il a reconnu *cumulativement* le divorce et la séparation de corps, permettant ainsi aux adeptes des différents cultes de choisir librement celui des procédés qui se trouverait le mieux en harmonie avec leurs convictions religieuses. Les travaux préparatoires de cette partie du Code trahissent à chaque instant la pensée du législateur, de faire de la séparation de corps le divorce des époux catholiques.

La loi du 8 mai 1816, art. 1, a complétement aboli le divorce ; et le seul remède qui existe aujourd'hui aux infortunes conjugales est la séparation de corps. Nous sommes, sur ce point, ramenés aux règles de l'ancien droit français avant 1789.

Pourtant, voilà que tout à coup les journaux français et étrangers viennent d'annoncer le second mariage de Mme la princesse de Bauffremont, mariage contracté à l'étranger avec M. le prince Georges Bibesco, nonobstant l'existence de M. le colonel de Bauffremont et malgré les dispositions formelles de la loi française.

2. Cette situation a donné lieu déjà, et donnera lieu sans doute, dans l'avenir encore, à de retentissants débats devant la justice ; mais elle a, de plus, le privilége de passionner vivement, à l'heure actuelle, l'opinion publique, à raison soit de la haute position des parties, soit de la singularité du cas. Chacun s'en préoccupe, non-seulement au Palais, mais même dans le monde : l'on semble soupçonner que peut-être le droit international privé aurait, lui aussi, ses mystères, sinon ses contradictions : « *Vérité en deçà des Pyrénées* (ou du Rhin), *erreur au delà !* » aurait dit Pascal.

Comment ! la même femme, légitimement mariée au point de vue des lois étrangères, et à quelques kilomètres de la frontière française, pourrait être, un peu plus loin, considérée comme coupable tout à la fois d'adultère et de bigamie ! Une princesse, réputée honorablement unie en Suisse, en Angleterre, en Allemagne, en Belgique, ou même en Alsace-Lorraine (loi allemande du 27 novembre 1873 ; annuaire de législation étrangère de l'année 1874), serait considérée comme justiciable de la cour d'assises en France ! art. 147 du Code civil et 340 du Code pénal. Cette divergence dans la manière de comprendre l'ordre public légal ne serait-elle pas, entre nations civilisées, une véritable énormité ?

3. D'autres personnes se placent au point de vue religieux, et ici nous n'avons qu'à nous incliner : il est certain que l'Eglise prohibe le divorce, ne pouvant ni ne devant l'admettre, puisque le mariage est, pour elle, l'union irrévocable et indissoluble des âmes. Elle ne l'admet même pas aujourd'hui dans le cas d'adultère, prévu expressément par Jésus-Christ, chap. v ; v. 32, évangile de Saint-Matthieu. Voyez toutefois, sur les controverses auxquelles ce dernier point a donné lieu, les

autorités canoniques rapportées par Pothier, *Traité du contrat de mariage*, 6ᵉ partie, chap. 2, art. 3, nᵒˢ 486 à 498. Comp. M. Tissot, *le mariage, la séparation et le divorce*, p. 66, 85 et suiv. Nous entendons, du reste, nous en tenir exclusivement, dans cette étude juridique, à l'examen du droit et de la loi.

4. A ce dernier point de vue, l'on s'est demandé comment Mᵐᵉ la princesse de Bauffremont avait pu être admise à contracter officiellement un nouveau mariage à l'étranger, avant la dissolution du premier. La réponse ne s'est point fait attendre : elle a été donnée par M. l'avocat de la République Lefèbvre de Viefville, dans le savant réquisitoire qu'il a prononcé à l'audience du tribunal civil de la Seine le 11 décembre 1875 (voir *le Droit* du 12 décembre). Mᵐᵉ la princesse de Bauffremont est allée en Allemagne, dans le duché de Saxe-Altenbourg : là, elle a obtenu, à la date du 3 mai 1875, une naturalisation, dont voici l'acte officiel :

« Le ministre ducal soussigné, certifie par le présent que :

« Mᵐᵉ Henriette-Valentine de Riquet, comtesse de Caraman-Chimay, princesse séparée de Bauffremont, de Ménars,

» Sur sa demande et pour son établissement à Altenbourg,

» A requis la nationalité de l'Etat de Saxe-Altenbourg.

» Cet acte de naturalisation fonde tous les droits et devoirs d'un membre de l'Etat de Saxe-Altenbourg, à partir du moment de sa délivrance, mais seulement pour la personne qui y est expressément nommée.

» Altenbourg, le 3 mai 1875. »

4. bis. Puis Mme de Bauffremont a fait adresser une demande de certificat à la municipalité d'Altenbourg par M. le major-général Wedel : voici le texte de cette lettre :

« Dresde, le 8 juin 1875. Rue Schiller, 18.

» Je suis chargé par Mme la comtesse Valentine de Caraman-Chimay, princesse de Bauffremont divorcée, de vous prier de vouloir bien me délivrer pour elle un certificat portant qu'on ne connaît à Altenbourg aucune raison qui puisse s'opposer au nouveau mariage que Mme la comtesse a l'intention de contracter.
» Recevez, etc.

» *signé :* WEDEL
» Major-général en disponibilité. »

En réponse à cette demande, le conseil municipal d'Altenbourg a délivré le certificat suivant :

« *Certificat.* Le conseil municipal de la ville d'Altenbourg certifie par les présentes qu'il n'a aucune connaissance d'un empêchement civil quelconque qui puisse mettre obstacle, de la part des autorités de cette ville, au nouveau mariage que Mme Marie-Henriette Valentine de Riquet, comtesse de Caraman-Chimay, princesse de Bauffremont divorcée, se propose de contracter.

» Altenbourg, le 9 juin 1875.

» *Signé :* Le conseil municipal. »

4 ter. En conséquence des actes qui précédent, un nouveau mariage a été célébré à Berlin, le 24 octobre 1875, devant un officier de l'état civil, entre le prince Bibesco et la princesse de Bauffremont. Voici la traduction de l'acte de mariage :

« Berlin, le 24 octobre 1875, à 9 heures ¼ du matin.

» Devant l'officier de l'état civil, soussigné, sont aujourd'hui comparus, comme futurs époux :

» Son Altesse le prince Georges Bibesco, dont l'identité est certifiée par M. Charles-Frédéric Dreus, conseiller royal de justice, avocat, avoué et notaire, connu personnellement, de religion grecque catholique, âgé de 44 ans, né à Bucharest (Valachie), demeurant à Paris, boulevard de Latour-Maubourg, n° 22, fils de Son Altesse le prince Georges-Démétrius Bibesco, ancien prince régnant de Valachie, décédé à Paris, et de la princesse Zoé Brancovano, son épouse, demeurant à Bucharest ;

» Et Mᵐᵉ Marie-Henriette-Valentine de Riquet, comtesse de Caraman-Chimay, princesse séparée de Bauffremont, dont l'identité est certifiée de la même manière que celle du futur époux, de religion catholique romaine, âgée de 36 ans, née au château de Ménars, département du Loir-et-Cher, fille de Son Altesse M. Joseph de Riquet, prince de Caraman-Chimay, précédemment envoyé et ministre plénipotentiaire du roi des Belges, au château de Chimay, province de Hainaut (Belgique), et de dame Louise-Marie-Françoise Joséphine de Pellapra, son épouse, décédée au château de Ménars ;

» Et comme témoins : Son Altesse le prince Grégoire Brancovano, reconnu, quant à son identité, de même que les futurs époux, âgé de 47 ans, demeurant à Paris, boulevard de Latour-Maubourg, n° 22 ;

» Le général-major en disponibilité Frédéric von Wedel, l'identité de la personne duquel est reconnue de la même manière que celle du précédent témoin, âgé de 64 ans, demeurant à Dresde, *Schiller-strasse*, 18.

» Les futurs époux ont personnellement déclaré, en présence des témoins et devant l'officier de l'état civil, leur volonté de contracter mariage l'un avec l'autre. « Lu, approuvé et signé, » etc.

4 *quater*. Nous terminerons cette série de documents officiels par une lettre émanée de l'ambassade de France à Berlin, lue par M. l'avocat de la République Lefebvre de Viefville, devant le tribunal civil de la Seine, à l'audience du 11 décembre 1875.

« Le marquis de Sayve au ministre des affaires étrangères :

» Berlin, le 12 novembre 1875.

» Monsieur le duc,

» .... Le divorce n'a pas été prononcé par les tribunaux allemands ; pour ne pas l'exiger, les autorités qui ont procédé au mariage se sont basées sur un article du *Landrecht* allemand, déclarant que les séparations de corps et de biens, prononcées par les tribunaux étrangers, sont considérées dans l'empire comme équivalant à une dissolution complète du premier mariage. Un tribunal français avait prononcé la séparation du prince et de la princesse de Bauffremont, et ce jugement a été jugé suffisant.

» Comme cette affaire offre un grand intérêt au point de vue international, j'exposerai à Votre Excellence la marche qu'elle a suivie.

» Le 3 mai 1875, Mme de Bauffremont a obtenu du Ministre de l'intérieur de Saxe-Altenbourg une ordonnance lui conférant la nationalité saxe-altenbourgeoise ;

2

à l'appui de sa demande , la princesse avait fourni trois
pièces restées au dossier , savoir : deux certificats du
maire de Ménars, près Blois, en date du 4 octobre 1874,
constatant , l'un que Mme la princesse de Bauffremont
est séparée de corps et de biens, qu'elle jouit de tous les
droits civils, et qu'elle est apte à les exercer ; l'autre
que Mme de Bauffremont est de bonne vie et mœurs,
et qu'elle jouit d'une haute estime et de la considération
générale. Un troisième certificat, délivré par M. Roche,
administrateur des biens de la princesse à Paris, atteste
qu'elle dispose d'une fortune de 2,400,000 francs , et
jouit d'une rente de 35 à 40,000 francs.

» Comment, sur la production de ces simples
pièces, qui ne sont même pas, selon l'usage, visées à
l'ambassade d'Allemagne à Paris , le gouvernement de
Saxe-Altenbourg a-t-il cru pouvoir conférer la naturalisation à la princesse de Bauffremont sans le consentement de son mari ? Ce fait paraît d'autant plus inex-
plicable que la loi, promulguée le 1er juin 1870 sur
cette matière, dans les Etats de l'Allemagne du Nord,
dit textuellement : « La naturalisation ne pourra être
conférée aux étrangers que lorsque, d'après les lois de
leur pays d'origine , ils sont aptes à la contracter. »
L'administration altenbourgeoise, considérant la séparation comme l'équivalent du divorce , aura sans doute
cru ou voulu croire que Mme de Bauffremont était absolument libre ; mais il y a lieu de supposer que cette
administration n'a pas tardé à regretter la légèreté avec
laquelle elle avait agi ; car M. Tolhausen, lorsqu'il est
allé à Altenbourg réclamer une copie de l'acte de naturalisation, a remarqué que sa demande causait un
grand embarras aux employés du ministère ducal.

» La naturalisation allemande une fois acquise, la
princesse avait encore besoin d'une autorisation pour

pouvoir se remarier : elle y a pourvu en faisant demander au conseil municipal d'Altenbourg le certificat de
domicile à Altenbourg. Mme de Bauffremont s'est présentée alors devant l'officier de l'état civil de Berlin, qui,
après les publications d'usage, l'a mariée le 24 octobre
dernier avec le prince Bibesco. Enfin, pour clore cette
série d'actes, la princesse s'est fait marier religieuse-
ment le même jour, 24 octobre, à Dresde, par le pope
de l'Eglise russe; mais celui-ci s'est absolument refusé
à délivrer à notre consul une copie de l'acte de mariage,
en disant qu'il n'était autorisé à en donner qu'aux époux.

« Veuillez agréer, etc.

» *Signé :* Marquis de SAYVE. »

Ces textes officiels ont été par nous recueillis dans le
Droit et dans la *Gazette des tribunaux*. Nous avons
eu soin aussi de remonter aux sources et de consulter
l'*Annuaire de la société de législation comparée*, où
se rencontrent tant de renseignements utiles.

Nous avons également mis à profit le savant article
de M. J.-E. Labbé sur la question qui nous occupe.
L'éminent professeur aboutit à une conclusion, du reste,
diamétralement opposée à celle que nous nous pro-
posons de formuler. Cette remarquable étude a été publiée dans le *Journal du droit international privé et
de la jurisprudence comparée*, dirigé par notre excel-
lent confrère M. Edouard Clunet (voir la livraison de
novembre-décembre 1875, t. II, pag. 409 à 422).

5. Il importe de mettre sous les yeux du lec-
teur les textes de la loi allemande, sous l'empire de
laquelle Mme la princesse de Bauffremont s'est fait
naturaliser et a procédé ensuite à son nouveau mariage
avec le prince Georges Bibesco : .

Au point de vue du second mariage d'abord, l'art. 734 de la loi générale de Prusse s'exprime de la manière suivante : « *Si une séparation constante de table et de lit a été judiciairement prononcée entre époux catholiques, elle a tous les effets civils d'un divorce.* » Ajoutons toutefois un ordre du cabinet prussien, en date du 17 août 1815, dont voici la décision restrictive : « Si entre époux évangéliques *à l'étranger,*
» là où le divorce n'est pas admis, une séparation
» constante de table et de lit a été prononcée, elle a
» tous les effets civils d'un divorce, à la condition que
» les époux ainsi séparés s'établissent dans les états
» prussiens. »

Au point de vue de la *naturalisation*, voici les termes de la loi allemande du 1er juin 1870, sur l'acquisition et sur la perte de la nationalité fédérale et de la nationalité d'Etat : Art. 1er. — « La nationalité
» fédérale est acquise par toute personne qui a la
» nationalité d'Etat dans un pays de la Confédération,
» et se perd avec elle.... » Par conséquent, toute naturalisation obtenue par un étranger, dans un Etat quelconque de la Confédération allemande, emporte nécessairement la naturalisation dans tout l'empire allemand : comparez l'art. 2 de la même loi.

Voici maintenant l'art. 8, le plus important pour la solution de la difficulté qui nous occupe : « La natura-
» lisation ne doit être accordée aux étrangers que :
» 1° *lorsqu'ils sont capables de disposer de leur*
» *personne d'après les lois du pays auquel ils ont*
» *appartenu jusqu'alors, ou, s'ils ne jouissent pas*
» *de cette capacité,* quand ils ont l'assentiment de
» leur père, de leur tuteur ou curateur ; 2° lorsqu'ils
» ont mené une vie honorable ; 3° lorsqu'ils ont un
» domicile propre ou qu'ils sont reçus chez des person-

» nes domiciliées dans le lieu où ils veulent s'établir ;
» 4° lorsqu'ils sont en état de pourvoir à leurs besoins
» et à ceux de leur famille. Avant la naturalisation,
» l'autorité administrative supérieure recevra les décla-
» rations de la municipalité et celles de l'union hospita-
» lière du lieu où la personne à naturaliser veut s'éta-
» blir, sur les conditions déterminées dans les n⁰ˢ 2, 3
» et 4. » (*Annuaire de législation étrangère*, t. I,
année 1872, p. 183 à 189.)

Mme la princesse de Bauffremont a donc été considérée
en Allemagne comme une femme divorcée : naturalisée
dans ce pays, elle a réclamé le bénéfice des lois de sa
nouvelle patrie, et ces lois consacrant le divorce, elle a
été admise à contracter à Berlin un nouveau mariage,
nonobstant l'existence de son premier mari en France.

6. Cette interprétation *favorable* de la chancellerie
allemande est-elle juridique ? — Une femme mariée à
un Français, et judiciairement séparée de corps et de biens
en France, peut-elle ensuite aller se faire naturaliser en
pays étranger (dans l'espèce en Allemagne), *sans avoir
préalablement obtenu l'autorisation de son mari ou
de la justice ?* — Le peut-elle surtout, alors que cette
naturalisation tend à amener la possibilité d'un divorce
ultérieur, et d'un second mariage que la loi française
réprouve ? (Loi du 8 mai 1816, art. 1er.) — Telle est la
question à résoudre. Si, en effet, Mme la princesse de
Bauffremont a pu légitimement se faire naturaliser en
Allemagne sans aucune autorisation, elle a pu, par voie
de conséquence, procéder à un second mariage avec
M. le prince Bibesco, en vertu de ce principe que *l'individu naturalisé a tous les droits d'un sujet naturel
et indigène :* or, il est certain qu'un Allemand peut,
conformément à l'art. 734 précité, demander l'assimilation complète d'une séparation de corps qu'il aurait

obtenue à un véritable divorce , avec faculté de second mariage.

7. Nous laisserons de côté les incidents de procédure et ceux relatifs à la question de la garde des enfants : ce sont là de simples escarmouches, préludes de la grande bataille. Il suffira à ceux qui voudront connaître le détail de ces incidents particuliers, de se reporter au journal *le Droit* des 12, 18, 29 décembre 1875, 5 , 14 et 16 janvier 1876 : ils y trouveront , à côté des réquisitoires et des plaidoiries , le jugement de la 1re chambre du tribunal civil de la Seine , en date du 17 décembre 1875 , sur la garde des enfants , et le séquestre des biens de la princesse de Bauffremont ; il faut toutefois observer que cette décision tombe devant l'arrêt de la 1re chambre de la Cour d'appel de Paris du 4 janvier 1876, lequel remet tout en question : cet arrêt, en statuant sur une difficulté de procédure, a décidé que la princesse avait eu, en présence des circonstances de la cause, le droit de constituer avoué, même après le renvoi de l'affaire à huitaine pour entendre le ministère public en ses conclusions. Par suite, le jugement précité du tribunal civil de la Seine doit être considéré comme non avenu.

Mais le tribunal civil de la Seine, saisi de nouveau de la question , à la suite de l'arrêt de réformation du 4 janvier 1876 , a rendu à la date du 13 janvier de la même année, (voir *le Droit* du 16 janvier), un jugement déclarant que « la garde des deux enfants issus du mariage cessera d'appartenir à Mme la princesse de Bauffremont. » De plus, et comme moyen de sanction, cette décision judiciaire frappe de séquestre tous les biens mobiliers et immobiliers de la princesse en France.

Nous ferons une remarque importante en terminant l'indication de ces diverses péripéties de la procédure :

la Cour d'appel de Paris, dans son arrêt du 4 janvier 1876 (*Droit* du 5 janvier), a refusé à M. le prince de Bauffremont la suppression par lui demandée de la qualification de « *princesse Bibesco,* » prise aux débats et dans les actes du procès par la princesse plaidante : voici, sur ce point, les termes de l'arrêt :... — « En ce
» qui concerne la qualification prise par la princesse
» de Bauffremont : — considérant que le changement
» d'état sur lequel elle se fonde pour se qualifier de
» *princesse Bibesco* est précisément invoqué par le
» prince de Bauffremont, son mari, à l'appui de sa de-
» mande : — qu'en dehors de la question spéciale
» qui lui est actuellement soumise, il n'appartient pas
» à la Cour de préjuger l'existence et les effets légaux
» de ce prétendu changement d'état, en ordonnant la
» suppression demandée ; — que le simple fait, par la
» princesse, de prendre la qualification dont il s'agit,
» ne tombe point d'ailleurs sous l'application des ar-
» ticles 1036 du Code de procédure et 23 de la loi du
» 17 mai 1819 ; — Par ces motifs — ..... — dit qu'il
» n'y a pas lieu, quant à présent, d'ordonner la suppres-
» sion, dans la requête et dans l'exploit d'assignation,
» de ces mots, — *aujourd'hui princesse Bibesco,*
» s'appliquant à la princesse de Bauffremont ;.... etc...
» etc... »

La Cour d'appel de Paris a manifestement entendu réserver ainsi entièrement, pour un débat ultérieur et principal, la question de validité de la naturalisation de la princesse de Bauffremont en Allemagne, et la question de validité du second mariage qui s'en est suivi avec le prince Bibesco. Il y a, en effet, entre ces deux actes de la princesse, une relation directe de cause à effet. Si la naturalisation, réalisée dans le duché de Saxe-Altenbourg, est valable, la princesse a pu légitimement contracter une nouvelle union : elle n'est ni adultère, ni bigame, même au point de vue de la loi française : devenue Allemande, la princesse a pu convertir sa séparation prononcée en France en un divorce définitif et se remarier, conformément à sa nouvelle loi de femme naturalisée dans le duché de Saxe-Altenbourg.

8.   Revenons donc à la question de naturalisation, puisqu'elle doit être le pivot de la discussion ; pour arriver à une solution rationnelle, nous prendrons, comme point de départ, les principes connus et acceptés par tout le monde. Il sera facile ensuite de dégager l'inconnu et de préciser les règles qui doivent prévaloir en cette matière, soit au point de vue français, soit même au point de vue allemand.

9.   Supposons que M. le colonel de Bauffremont eût jugé à propos de se faire naturaliser en Allemagne, dans les conditions où la princesse a elle-même agi. De l'aveu de tous les jurisconsultes, rien ne serait plus légal, même au point de vue français : un homme majeur, ayant la plénitude de la capacité civile, peut modifier à son gré sa nationalité personnelle : marié ou non marié, il a le droit de se faire naturaliser en pays étranger, et d'y exercer ensuite toutes les facultés reconnues par les lois de sa patrie nouvelle. La seule question qui ait été soulevée est celle de savoir si les effets de la naturalisation, une fois obtenue, sont individuels, ou s'ils s'étendent également à la famille, par conséquent à la femme et aux enfants mineurs ou majeurs de celui qui l'a obtenue. La plupart des auteurs et des arrêts admettent avec raison que le changement de nationalité du mari *depuis le mariage*, est sans influence sur la nationalité de la femme et des enfants, soit majeurs, soit même mineurs. La nationalité est, en effet, une qualité essentiellement attachée à la

personne : la loi n'attribue à aucun représentant le droit de l'aliéner au nom et au préjudice des représentés : Voyez M. Demolombe, *Cours de Code civil*, t. I, n° 175, avec les autorités qu'il rapporte.

10. Supposons encore que Mlle Valentine de Chimay eût, à l'origine, elle, jeune fille étrangère et Belge par la naissance, épousé en premières noces, un Belge, un Allemand, un Suisse, un Anglais, voire même, depuis l'annexion, un Alsacien ou un Lorrain. Supposons que Mlle Valentine de Chimay fût Française d'origine, et qu'elle eût épousé l'un des étrangers susnommés, au lieu de s'allier au colonel de Bauffremont : elle serait restée (dans la première hypothèse), elle serait devenue (dans la seconde hypothèse) étrangère de plein droit, aux termes mêmes de la loi française (art. 12 et 19 combinés du Code civil). Si elle avait eu légitimement à se plaindre de son mari, elle aurait pu obtenir le divorce dans tous les pays précédemment désignés. Venant ensuite en France, elle aurait pu, comme étrangère *légalement divorcée*, d'après son statut originaire, ou d'après son statut de femme naturalisée par mariage, se remarier valablement en France, soit avec un nouvel étranger, le prince Bibesco, par exemple, soit même avec un Français. Sur ce point, la jurisprudence française est constante, la loi est formelle, et les auteurs sont maintenant unanimes. Voyez les autorités rapportées par M. Demolombe, t. I, n° 101 : ajoutez Cass. 28 février 1860, avec le savant réquisitoire de M. le procureur général Dupin (Dev. 1860-1-210); Paris, 13 février 1872 (*Revue de droit international et de législation comparée*, année 1872, t. IV, p. 352). Ainsi donc, ce qui choque tant chez Mme la princesse de Bauffremont, Belge d'origine, se passerait couramment dans la vie ordinaire, sans que la loi ait

un mot à dire, au profit de la Française qui aurait
épousé, au lieu d'un Français, un Anglais, un Belge,
un Suisse, un Allemand, un Alsacien ou un Lorrain, etc.

11. Le prince et la princesse de Bauffremont, en
admettant que, d'un commun accord, ils se fussent
fait simultanément naturaliser en pays étranger, (le
mari en vertu de sa propre initiative, la femme avec
l'autorisation de son mari ou de la justice), auraient pu,
le lendemain, aux termes de leur statut personnel nouveau, se faire considérer comme divorcés, puis se
remarier chacun de leur côté, sans encourir aucune
responsabilité devant la loi française. La seule difficulté,
en effet, dans le cas actuel de Mme la princesse de
Bauffremont, naît du *défaut d'autorisation* lors de sa
naturalisation en Allemagne. Quelle belle chose que les
formes !

Aucun jurisconsulte n'a jamais soutenu qu'une femme
mariée pût, *pendant le mariage*, changer librement de
nationalité, en vertu de son initiative indépendante, et
sans aucune autorisation, soit de son mari, soit au
moins de la justice. Tout le monde reconnaît, au
contraire, la nécessité de cette autorisation. La règle
de l'unité de nationalité au foyer domestique découle à
la fois de la nature du mariage, qui repose sur la
notion de l'indivisibilité, « *individuam vitæ consuetu-
dinem continens,* » de l'unité nécessaire de domicile
(art. 214), et du principe de la puissance maritale,
qui contient l'idée d'autorité. Comparez M. Varambon,
Revue pratique de droit français, année 1859,
t. VIII, p. 49 et suivantes. Voilà pourquoi la souveraineté nationale de chaque pays impose, dans les lois
promulguées, à toute femme mariée, dès le début de
son union, la nationalité de son mari.

Mais, le mari et la femme, s'entendant ensemble,

peuvent changer leur nationalité commune au cours du mariage.

Nous inclinerions même à penser que le mari, *au cours du mariage*, pourrait autoriser sa femme à acquérir une nationalité différente de la sienne, se faire lui-même naturaliser Belge, par exemple, en habilitant sa femme à l'effet d'obtenir, pour elle, la nationalité anglaise. L'unité de nationalité nous paraît être de la *nature*, mais non pas de l'*essence* du mariage. D'autre part, cette différence dans les statuts, entre mari et femme, peut parfaitement se produire, de l'aveu de tout le monde, dans le cas où le mari se fait seul naturaliser en pays étranger : Comparez *suprà*, n° 9, et M. Demolombe, *Cours de Code civil*, t. i, n° 175. Enfin les art. 12 et 19 du Code civil n'imposent l'identité de régime national entre époux qu'*au début* de l'union conjugale. La loi a craint, sans doute, les clauses contraires qui auraient pu facilement se généraliser et devenir de style dans les contrats de mariage passés entre personnes de nationalités différentes. Aussi les auteurs admettent-ils généralement qu'*au début* de l'union civile, les art. 12 et 19 s'imposent comme loi d'ordre public, à laquelle il ne peut point être dérogé : Voyez M. Demolombe, t. i, n°s 183 et suivants.

12. Allons plus loin : M. le colonel de Bauffremont, agissant dans la plénitude de sa liberté d'action, n'aurait, à l'heure actuelle, qu'à se faire naturaliser dans l'un des pays qui nous entourent, lesquels presque tous admettent le divorce : il recouvrerait aussitôt son indépendance, et il pourrait, en remplissant les conditions de son statut personnel nouveau, se remarier à son gré. Ce faisant, il ne serait ni adultère, ni bigame ; il serait couvert par la loi étrangère :

l'art. 3, al. 3 du Code civil conduit certainement à ce résultat.

Dans tous ces cas, la loi française, d'après la doctrine et la jurisprudence (sans controverse possible), n'a qu'à s'incliner et à laisser passer : voyez M. Dalloz, Codes annotés, sur l'art. 19 et sur l'art. 8 du Code civil, n°s 58 et suivants, avec les références ; comparez Sirey, *Jurisprudence du* xixe *siècle,* table décennale de 1861 à 1870, par M. Ruben de Couder, *au mot* séparation de corps.

13.   Nous arrivons ainsi, par la progression naturelle des idées, à l'examen du cas spécial de Mme la princesse de Bauffremont. Précisons la situation légale qui lui était faite par l'arrêt de la Cour d'appel de Paris du 1er août 1874. La princesse était déclarée désormais séparée de corps et de biens, et la garde de ses enfants lui restait confiée. Que pouvait-elle faire ?

Il est certain d'abord qu'elle avait le droit de se choisir un domicile propre et indépendant : elle pouvait même s'expatrier, en allant fixer sa résidence hors de France, loin de son mari et en pays étranger. Voyez M. Demolombe et les autorités qu'il rapporte, t. i, n° 358. En effet, la séparation de corps, si elle ne rompt pas le lien du mariage, anéantit du moins, entre les époux, l'obligation de cohabitation : les rapports de subordination, qui s'attachent d'une manière prédominante à la personne, sont altérés : la femme séparée n'est plus soumise à suivre son mari ; il est naturel, dès lors, qu'elle ait le droit de se choisir un domicile distinct.

Toutefois, ainsi que le fait remarquer fort judicieusement M. Demolombe (*Cours de Code civil,* t. iv, n° 498), lorsqu'il s'occupe des effets de la séparation de corps, les tribunaux conservent encore un certain pouvoir discrétionnaire, dans l'intérêt des enfants : « Si la garde des enfants avait été confiée à la mère, dit l'éminent jurisconsulte, tout en conservant, même alors, la faculté de s'établir dans le lieu où elle voudra et d'emmener ses enfants avec elle, il ne faudrait pourtant pas qu'elle s'arrangeât de manière à rendre impossible pour le père, l'exercice du droit qui lui appartient toujours de les voir et de les surveiller (art. 303). C'est là du moins une question de fait. » (Angers, 6 mai 1841, Dev., 41-2-218 ; — Cass., 28 février 1842, Dev., 42-1-210 ; — Cass., 29 avril 1862, Dev., 1862-1-945). M. Laurent, jurisconsulte belge, admet la même doctrine dans ses *Principes de droit civil français*, t. II, n° 85, pag. 116, et t. III, n° 350, pag. 404 et suivantes.

14. Une réflexion se présente ici à l'esprit : Mme la princesse de Bauffremont, libre de se choisir souverainement un domicile nouveau, aurait certainement pu se rendre, avec ses enfants, dans un pays dont la loi particulière considérât l'installation définitive avec domicile fixe, comme emportant attribution inévitable et nécessaire de nationalité *(jure soli)* au profit de la personne ainsi domiciliée. Pothier, dans son *Traité des personnes et des choses*, 1re partie, iit. 2, sect. 3, n°s 57 et 59 (édition Bugnet, t. IX, pag. 29), nous signale des cas où ces principes étaient admis sous l'empire de l'ancienne jurisprudence française, dans le but notamment de peupler nos colonies. M. Laurent (*Principes de droit civil*, t. I, n° 376, p. 482), nous révèle l'existence également, en Belgique et en Espagne, de cas *d'indigénat* accordé sous certaines conditions.

Eh bien ! Mme la princesse de Bauffremont, naturalisée par un semblable procédé, aurait certainement pu divorcer, se remarier, user enfin de toutes les prérogatives accordées par son statut personnel nouveau. Aucune critique ne pourrait lui être adressée, en France, par le ministère public.

Supposons encore, dans le même ordre d'idées, que Mme la princesse de Bauffremont, ayant été séparée d'avec son mari quelques années plus tôt, par exemple *avant* la guerre franco-allemande, se fût décidée à transporter son domicile en Alsace. L'annexion de l'Alsace et d'une partie de la Lorraine à l'Allemagne survenait : la princesse était mise en demeure, sous peine de perdre la qualité de Française par une naturalisation réelle, collective et générale, d'opter pour cette nationalité avant le 1 octobre 1872 : telle a été du moins l'interprétation rigoureuse donnée par la chancellerie prussienne à l'article 2 du traité de paix conclu le 10 mai 1871, en ce qui concerne les individus domiciliés en Alsace-Lorraine, sans toutefois y être nés : voyez, en effet, les documents rapportés dans la *Revue critique* de droit français, années 1872-1873, p. 221, par M. Robinet de Cléry. Mme de Bauffremont n'optait pas : elle devenait alors, de plein droit, Allemande : elle pouvait, par suite, profitant du statut national de sa nouvelle patrie, invoquer l'assimilation reconnue par le Code prussien, entre la séparation de corps et le divorce, puis se remarier avec le prince Georges Bibesco. La loi française n'avait rien à y voir.

15. Tout ce que nous venons de dire montre clairement combien sont élastiques et capricieuses parfois, dans leur application pratique, les lois de bonnes mœurs et d'ordre public. Cela tient à ce que ces sortes de lois sont arrêtées chez chaque peuple suivant son génie et ses besoins particuliers dont le législateur est l'arbitre suprême : or, les nécessités sociales ne sont les mêmes ni dans tous les temps, ni chez tous les peuples. La loi

sociale n'a pas l'immutabilité, ni l'ubiquité de la loi divine : elle n'a pas le même point de départ, et elle ne se propose point le même but, ni le même idéal. Le législateur humain, renfermé dans les limites étroites du temps et de la durée, est obligé de se préoccuper, avant tout, de l'intérêt général, de l'utilité commune, des besoins immédiats du peuple en vue duquel il promulgue ses décisions : il doit dès lors se contenter de formuler celles des règles de morale et d'ordre public qui lui paraissent indispensables à la marche et aux progrès de la société particulière qu'il a en vue. Il arrive ainsi à des solutions essentiellement contingentes qui peuvent être en complet désaccord avec les décisions d'un législateur voisin. C'est ainsi, par exemple, que, suivant les pays, la polygamie sera ou non tolérée, le divorce sera ou ne sera pas admis.

16. Mais, laissons de côté ces hypothèses et ces considérations diverses, pour nous placer en face de la situation vraie de Mme la princesse de Bauffremont. Que faut-il penser de sa naturalisation dans le duché de Saxe-Altenbourg et du nouveau mariage qui s'en est suivi à Berlin ? Cette naturalisation est-elle valable soit au point de vue français, soit au point de vue allemand ?

Deux systèmes sont ici en présence sur cette question si intéressante et si grave en même temps : l'un admettant l'affirmative, l'autre au contraire se prononçant énergiquement en faveur de la négative. Nous allons examiner les raisons produites à l'appui de chacune de ces opinions.

17. La première doctrine peut se formuler de la manière suivante : une femme, mariée à un Français, recouvre par la séparation de corps et de biens judiciairement prononcée la plénitude de son indépendance

quant à sa personne : *elle peut*, en conséquence , *se faire librement naturaliser* en pays étranger *sans aucune autorisation, soit de son mari soit de la justice : une fois naturalisée, elle peut user de toutes les facultés accordées aux indigènes par les lois de sa nouvelle patrie.*

Un seul auteur à notre connaissance s'est prononcé en ce sens : c'est M. Blondeau dans la *Revue du droit français et étranger*, année 1844, t. I, pag. 645, et année 1845, t. II, pag. 133 et 150 à 152. Aucun arrêt n'a, dans la pratique , adopté cette solution.

Sept arguments principaux peuvent être mis en avant, à l'appui de cette manière de voir toute favorable à Mme la princesse de Bauffremont.

1° Au point de vue de la *tradition historique* , reportons-nous au droit canon et à l'ancien droit français, sources de la séparation de corps consacrée aujourd'hni par les art. 306 à 311 du Code civil.

M. Massol (*Traité de la séparation de corps*, édition de 1875, p. 265, texte n° 7 et note 2) nous apprend que le droit canon , s'attachant à l'objet principal et essentiel de la séparation de corps , à savoir la dispense de la vie commune en faveur de l'époux innocent, (homme ou femme), permettait à cet époux d'entrer dans la vie religieuse et même dans les ordres sacrés , en vertu de son initiative indépendante et sans avoir à consulter son conjoint : voy. chap. 15, décrétales de Grégoire IX , *De conversio. conjug.*, lib. 3 , tit. 32 ; Van Espen , *Jus ecclesiasticum universum,* Pars 2 , sect. 1ᵃ, tit. 15, cap. 2, *De separatione matrimonii quoad thorum et cohabitationem*, n° 7 : — Comparez Pothier, *Traité du contrat de mariage,* n°s 468 à 485 (Edition Bugnet, t. VI, p. 213 à 221). Or, MM. Aubry et Rau (t. I, § 80, pag. 317, texte n° 1, notes 11 et 12) attestent que, suivant le droit ancien, la profession religieuse, consommée par l'émission de vœux monastiques solennels, entraînait la mort civile et l'a toujours entraînée jusqu'à la loi des 13-19 février 1790. Donc l'époux, (au moins l'époux innocent), recouvrait la libre disposition de son état civil : s'il pouvait s'exposer, en vertu d'un acte de sa libre initiative à perdre cet état, à l'aliéner par la mort civile résultant de la profession religieuse : à plus forte raison doit-il aujourd'hui pouvoir modifier sa nationalité, puisque c'est là un acte beaucoup moins grave que l'acte d'encourir la mort civile. Il est d'ailleurs à remarquer que Pothier, parlant des effets de la séparation d'habitation, (*Traité du contrat de mariage* n° 523, édition Bugnet, t. vi, p. 241), n'applique plus la puissance maritale qu'aux biens : « La séparation d'habitation, dit-il, ne rompt pas le lien du mariage : elle donne seulement atteinte aux effets qu'il produit. Le mari conserve, même encore après la séparation d'habitation, *quelque reste de la puissance maritale*, la femme séparée ayant besoin, pour les actes qui tendraient à *l'aliénation de ses immeubles*, de l'autorisation de son mari, ou, sur son refus, de celle du juge, qui en est représentative. » Donc la femme, par le jugement de séparation de corps, recouvre la plénitude de son indépendance quant à son état civil et à sa nationalité. Sa personne échappe désormais aux pouvoirs du mari.

Nous nous garderons bien d'ajouter avec M. Blondeau qu'il faut ici remonter aux règles du divorce, la séparation de corps n'ayant été autorisée « qu'autant qu'il » le fallait pour ne pas violenter la conscience des » époux catholiques. » Un abîme, en effet, sépare ces deux institutions. C'est bien plutôt dans le droit ancien et dans le droit canonique, sources véritables de la séparation de corps actuelle, qu'il convient de chercher des analogies.

2° L'unité de nationalité, d'ailleurs, se rattache, par une connexité fort étroite, à l'unité de domicile : il y a là une relation de cause à effet. Le législateur a voulu qu'une loi, identique pour les deux époux, présidât aux relations du foyer domestique. Il a redouté les rivalités de législation dans cette vie de tous les jours : tels sont les motifs qui ont été donnés à l'appui des art. 12 et 19 du Code civil : or précisément la séparation de corps permet à la femme d'avoir désormais un domicile séparé : donc elle peut aussi acquérir sa loi spéciale et son statut personnel particulier et distinct : *cessante causâ, cessat effectus*. L'unité de nationalité n'est pas de *l'essence* du mariage : voyez *suprà*, n° 11.

3° La nécessité de l'autorisation maritale, en pareille matière, ou de l'autorisation de la justice, ne serait pas moins contraire à la nature de la séparation de corps : il est certain que le jugement de séparation, s'il ne rompt pas le lien du mariage, rompt du moins entre les époux les rapports de subordination qui s'attachent plus à la personne qu'aux biens : voyez, en ce sens, MM. Massé et Vergé sur *Zachariæ*, t. I, pag. 122, note 4. Il n'y a plus désormais de subordination nécessaire de la femme au mari ; l'expatriation même est possible malgré le mari : le devoir d'assistance respective a perdu son caractère juridiquement obligatoire : l'obligation de fidélité n'est plus qu'un mythe du côté du mari : car, ainsi que le fait remarquer fort judicieusement M. Demolombe, sur les effets de la séparation de corps (t. IV, n°ˢ 500 et 502), l'adultère du mari ne pourra plus être réprimé, puisqu'il n'est punissable qu'autant que le mari a tenu sa concubine dans la maison conjugale, et qu'il n'y a plus, après la séparation de corps, de maison conjugale (art. 339 du Code pénal) : or si, en effet, les rapports de subordination *personnelle* sont désormais anéantis, la femme recouvre encore, à ce nouveau point de vue, la liberté complète de son état civil : donc elle peut, sans aucune autorisation maritale ou de justice, changer de nationalité.

4° Au point de vue rationnel, M. Blondeau est absolument dans la vérité des situations lorsqu'il dit : « Réduire le pouvoir de l'homme séparé de corps à une sorte de *veto*, c'est-à-dire déclarer que le droit de demander la naturalisation appartient à la femme, mais avec le concours de cet homme, ce ne serait pas assez faire. Et qu'on n'objecte pas que les intérêts du mari peuvent être froissés par le changement de nationalité opéré par sa femme : au contraire, la femme choisira, sans doute, pour y obtenir la naturalisation, le pays où elle peut augmenter sa fortune (qu'elle transmettra à ses enfants), et *où elle pourra obtenir le plus de considération*. La nécessité d'un concours de volonté de la part du mari ne serait donc qu'une fâcheuse entrave..... La femme séparée serait à la merci d'un homme qui doit être présumé avoir plutôt pour elle de la haine qu'un sentiment de bienveillance.... Nous convenons qu'un mari pouvait avoir, sous l'empire de l'art. 310 du Code civil, quelque intérêt à exercer de l'influence sur la naturalisation de son conjoint; mais cet intérêt est trop faible, en comparaison de celui que chacun a d'être parfaitement libre à cet égard, pour qu'on puisse sacrifier celui-ci au premier. » La femme peut, d'ailleurs, avoir le plus grand besoin de se faire naturaliser à l'étranger, si elle est sans fortune actuelle : par exemple, pour y recueillir une succession dont sa qualité de Française la ferait écarter, ou pour y exercer une profession lucrative exigeant la qualité d'indigène. Chacun connaît les difficultés d'existence et la fausse position, en France, des femmes séparées.

Cette dernière considération, du reste, paraît avoir puissamment agi sur l'esprit de Mme la princesse de Bauffremont. Elle déclare elle-même, dans sa lettre du 19 décembre 1875 (voir le *Figaro* du 25 décembre) qu'en venant demander à des lois étrangères un foyer, le repos et le bonheur, elle n'a entendu froisser, ni heurter aucune des lois françaises : « Je ne voulais, dit-elle, que *redevenir* étrangère pour perdre le droit de me plaindre du passé et de garder rancune à la France de longues années de douleurs, de veuvage, de luttes sans nom, pour obtenir une tardive justice.... Allemande, libre, heureuse, je n'ai plus de mémoire que pour les amis que j'aime, pour les dévouements qui m'ont accompagnée, pour les sympathies qui m'ont soutenue. » L'on ne saurait mieux dire.

5° Où donc est le texte de loi qui interdisait à Mme la princesse de Bauffremont ou qui interdirait à toute femme séparée de corps, le changement de nationalité sans l'autorisation de son mari ou de la justice ? Car enfin tout ce qui n'est pas défendu explicitement ou implicitement par les textes des Codes français est permis. N'oublions pas qu'il s'agit ici d'apporter une entrave considérable à l'application des principes de liberté et à l'inviolabilité de la personne humaine. Les règles générales du droit et la tradition historique n'imposent pas, nous venons de le voir, ce résultat. Dès lors il faut nécessairement invoquer un texte : or, aucune loi spéciale et formelle n'est mise en avant. Les adversaires de la doctrine que nous exposons se contentent de se référer soit aux articles 215, 217 et suivants, soit à l'article 1449 du Code civil, lesquels s'occupent exclusivement des *biens ;* les biens peuvent, en effet, former encore l'objet de certaines préoccupations du mari, par exemple dans l'intérêt des enfants communs ou pour subvenir à telle ou telle charge encore existante du mariage : mais ces textes ne contiennent pas un mot qui soit applicable à la *personne* de la femme ou à la question de naturalisation. Il n'y a point d'analogie directe entre ces deux ordres de difficultés.

6° Voyez, d'ailleurs, à quelles singulières conséquences l'on pourrait aboutir avec le système restrictif. Ses partisans sont obligés de reconnaître que M. le colonel de Bauffremont pourrait se faire, sans que la loi eût mot à dire, naturaliser Belge ou Allemand : mais ils affirment que Mme la princesse de Bauffremont ne pouvait agir de même qu'avec l'autorisation préalable de son mari ou de la justice.

Eh bien ! appliquons leurs principes : un mari, après la séparation prononcée contre lui, aurait donc la faculté d'abord de se faire naturaliser lui-même en pays étranger, ensuite d'empêcher sa femme séparée de corps de changer, elle aussi, de nationalité ! ! !

Une fois naturalisé dans un pays admettant le divorce, ce mari pourrait convoler à de nouvelles noces : sa femme, séparée de corps et restée Française, ne le pourrait pas : elle serait ainsi soumise à l'autorité maritale d'un conjoint remarié à l'étranger ! Elle devrait s'adresser à lui, non-seulement comme le disent les articles 215, 217, 1449, du Code civil, pour l'aliénation de ses biens, mais aussi pour les actes les plus intimes concernant sa personne ! Admirez donc la logique des situations : une femme, après avoir obtenu sa séparation de corps, forcée, pour se faire naturaliser, de de-

mander le consentement d'un époux qui aurait contracté à l'étranger une nouvelle union ! ! !

Cette femme subissant même, au besoin, l'affront
de visites domiciliaires de la police chargée, par son
ancien mari, (qui aurait cependant convolé à de nouvelles noces), de contrôler la manière dont elle observe
l'obligation de fidélité ! L'adultère *de la femme*, dit en
effet M. Demolombe, serait toujours punissable, même
après la séparation de corps, aux termes de l'article
336 du Code pénal (*Cours de Code civil*, t. IV, n° 500).

De grâce, laissons de côté les raisonnements à outrance.
Il est reconnu, en pratique, que trop souvent, le pouvoir certain d'intervention du mari, quant à l'exercice,
par sa femme séparée de corps, du droit d'aliéner ses
biens, est la source des plus monstrueux abus. Il n'y
a pas bien des années, nous plaidions pour une malheu-
reuse femme à l'égard de laquelle son mari, atteint par
un jugement flétrissant de séparation, avait imaginé de
transformer ses autorisations en un moyen de battre
monnaie. Il voulait finalement lui retirer l'autorisation
de continuer un commerce lucratif qui faisait vivre
toute la jeune famille : la justice y a mis bon ordre.

Loin donc de vouloir élargir les pouvoirs d'autorisation du mari, après la séparation de corps, nous croyons
au contraire qu'il convient de les restreindre dans les
strictes limites des textes : il faut surtout les écarter
là où la loi est muette, et dans les cas où la liberté
individuelle est en jeu.

De ce que la femme encore *mariée*, appelée à ha-
biter la même maison que son mari (art. 214), ne peut
pas changer de nationalité par un acte indépendant de
sa seule volonté, il ne s'ensuit pas du tout qu'il doive
en être nécessairement de même de la femme *une fois
séparée de corps* : car, dans ce dernier cas, il n'y a

plus ni foyer commun , ni unité de domicile , sources précisément de l'unité de nationalité et de la prééminence maritale en matière *personnelle* et individuelle.

La conclusion de la doctrine que nous exposons ici est donc toute en faveur de la validité (en ce qui concerne la loi française) de la naturalisation obtenue, dans le duché de Saxe-Altenbourg , par Mme la princesse de Bauffremont , sans aucune autorisation soit de M. le colonel de Bauffremont , soit de la justice. Plaçons-nous maintenant au point de vue de la loi allemande.

7° Aux termes de l'article 734 (cité plus haut n° 5) du *Code* général *allemand, la séparation de corps et de biens,* intervenue entre catholiques, *a tous les effets civils du divorce et produit toutes les conséquences qui s'y rattachent.* Or, Mme la princesse de Bauffremont avait été séparée de corps par un arrêt de la Cour d'appel de Paris en date du 1 août 1874 : donc elle pouvait, sur sa demande , être considérée en Allemagne comme une femme divorcée. C'est ainsi du reste , suivant la judicieuse remarque de notre savant confrère de la *Gazette des tribunaux* (numéro du 16 décembre 1875, pag. 1209), que l'on a entendu la qualifier dans l'acte même de mariage avec M. le prince Bibesco , en la désignant comme épouse *separirt* de M. le prince de Bauffremont. Le mot allemand *separirt* est celui qui s'emploie pour indiquer la rupture du lien matrimonial par le divorce ou par la séparation de corps , entre catholiques, assimilée au divorce.

L'art. 734 du *Landrecht* allemand ne distingue pas entre les jugements de séparation de corps rendus en Allemagne, et les jugements du même genre rendus en pays étranger. Mme la princesse de Bauffremont aurait donc pu , même sans changer de nation, venir en Allemagne et demander à bénéficier des institutions de ce pays.

Mais elle n'a point voulu en agir ainsi : elle a cherché à éviter tout ce qui ressemblerait à une révolte directe contre les institutions françaises. Elle s'est fait, en conséquence, préalablement naturaliser Allemande dans le duché de Saxe-Altenbourg : c'est ensuite seulement qu'elle s'est présentée devant l'officier de l'état civil de Berlin pour obtenir la célébration de son second mariage.

Il nous semble que cet officier de l'état civil a agi tout à fait correctement en obtempérant à cette demande, soit parce que Mme la princesse de Bauffremont, étant devenue Allemande par une naturalisation régulière, se trouvait désormais régie par le statut personnel de Prusse ; soit parce la princesse, même fût-elle restée Française, avait le droit d'invoquer la généralité des termes de l'art. 734 du Code civil prussien. Tel est bien d'ailleurs le sens des différentes observations présentées sur ce sujet par les journaux étrangers.

Le système de M. Blondeau nous paraît, à l'aide des *développements qui précèdent*, solidement appuyé sur tout un ensemble d'arguments que le savant jurisconsulte avait omis d'indiquer dans ses deux dissertations publiées par la *Revue de droit français et étranger*, année 1844, t. i, pag. 645 à 658 et année 1845, t. ii, page 133 à 158. Il est temps de passer à l'examen de la seconde théorie. Nous exposerons successivement les différents motifs qu'elle invoque, en plaçant constamment la réfutation, telle que nous la comprenons, à la suite de chacun des arguments présentés.

18.   D'après cette seconde doctrine, une femme, mariée à un Français et judiciairement *séparée de corps*, ne peut pas se faire naturaliser en pays étranger, sans *l'autorisation de son mari ou de la justice.*

Cette théorie est soutenue avec un remarquable talent par l'un des plus éminents maîtres de la science,

M. J.-E. Labbé, notre savant collègue de la Faculté
de droit de Paris, dans une dissertation publiée par le
*Journal du droit international privé et de la juris-
prudence comparée*, numéro de novembre-décembre
1875, t. II, pag. 409 à 421.

De la prémisse une fois posée, M. J.-E. Labbé tire
deux conséquences, inévitables, en effet, avec sa théorie : — D'abord nullité de l'acte de naturalisation obtenu
par Mme la princesse de Bauffremont dans le duché
de Saxe-Altenbourg, à cause du défaut d'autorisation
maritale ou de justice ; — ensuite nullité du second
mariage contracté par la princesse à Berlin avec M. le
prince Georges Bibesco. — M. J.-E. Labbé soutient
d'ailleurs que cette double nullité existe en même temps
au point de vue de la loi française et au point de vue de
la loi allemande.

M. Demolombe (*Cours de Code civil*, t. IV, n° 111 *in
fine*, pag. 130, édition de 1874) et M. Dalloz (*Jurisprudence générale*, au mot *Droits civils*, n° 118) ont
seuls prévu directement la difficulté. La question que
nous examinons en ce moment est, en effet, avec la
forme du moins sous laquelle elle se présente à l'heure
actuelle, aussi neuve que pleine d'intérêt et de gravité.

Il est vrai que M. Labbé cite, en faveur de sa doctrine, l'opinion de MM. Aubry et Rau, dans leur *Cours
de droit civil français*, quatrième édition, t. V, pag. 137
à 138, § 472, texte et note 4 ; ajoutez le même tome V,
pag. 200, § 494, texte n° 1, note 8. Il indique également M. Valette, *Explication sommaire du livre premier* de Code civil, pag. 148, n° 8, et M. Laurent, *Principes de droit civil français*, t. III, n° 96, pag. 129 et
n° 344 *in fine*, pag. 396. Mais il suffit de lire les pas-
sages de ces auteurs, qui sont précisément rapportés *in
extenso* dans la dissertation de notre savant collègue à

la page 413 du tome II du *Journal du droit international privé*, pour reconnaître que MM. Aubry et Rau, Laurent, Valette et autres jurisconsultes, indiqués comme références, se bornent à poser les *principes généraux de l'incapacité de la femme mariée* : aucun d'eux n'a prévu l'application de ces principes au point de vue particulier de la *naturalisation* obtenue à l'étranger par une femme *séparée de corps*, sans l'autorisation de son mari ou de la justice.

Nous ferons la même observation quant aux documents de jurisprudence mis en avant par M. J.-E. Labbé à la page 414 du journal qui contient sa dissertation, savoir : Cass. 6 mars 1827 (Dev. 8-1-541) ; Cass. 13 novembre 1844 (Sir. Dev. 1845-1-45). Ces deux arrêts, d'accord avec la jurisprudence la plus récente, maintiennent l'extension des art. 215, 217 et suivants à la femme mariée séparée soit de biens seulement, soit en même temps de corps et de biens. Les décisions judiciaires et la doctrine des auteurs sont unanimes à le décider ainsi quant aux *intérêts pécuniaires* : c'est un point qui peut être concédé par nous, sans rien préjuger d'ailleurs sur la question toute particulière des conditions à observer pour la naturalisation à l'étranger des femmes mariées à des Français et séparées de corps.

D'ailleurs, quand une opinion a pour elle le haut suffrage de M. J.-E. Labbé, elle a, en sa faveur, une autorité assez considérable, pour qu'il devienne superflu de chercher autre part des appuis. La jurisprudence n'a prévu nulle part, nous le répétons, la difficulté particulière, soulevée à propos de l'affaire de Bauffremont.

Il convient donc d'aborder immédiatement l'étude des différentes raisons présentées par M. J.-E. Labbé à l'appui de sa doctrine rigoureuse et restrictive. Elles peuvent être ramenées aux six suivantes :

1° Il est certain que la femme mariée dont la situation est intacte, c'est-à-dire qui n'est point séparée de corps ni de biens, ne peut pas changer volontairement de nationalité sans l'autorisation de son mari. La même solution est universellement admise pour la femme qui est simplement séparée de biens à la suite de désastres pécuniaires survenus dans la fortune de son mari et par application de l'art. 1443 du Code civil. Or la séparation de corps ne dissout pas le mariage : les époux restent époux : l'union conjugale continue de subsister : donc ce qu'on décide pour la femme mariée *integri statûs*, il faut le décider pour la femme séparée de corps, en vertu de l'adage, *ubi eadem ratio, ibi idem jus*. Voyez, pour les développements, M. Labbé, pag. 412 *in fine*, 413 et aussi 416 à 417.

Nous repoussons absolument, en ce qui nous concerne, cette assimilation qui sert de point de départ à la théorie de notre savant contradicteur.

Oui, sans doute, la femme séparée de corps reste incapable au point de vue de l'aliénation de ses biens : le droit de libre disposition de son patrimoine ne lui est pas rendu. Mais du moins la vie commune cesse : il n'y a plus de domicile conjugal : l'unité du foyer domestique est rompue, et la faculté soit d'avoir un domicile séparé, soit même de s'expatrier, est acquise à la femme : or c'est là précisément le nœud de la difficulté. L'affranchissement de la femme, au point de vue du domicile et de l'expatriation, emporte invinciblement, à notre avis, son affranchissement, par voie de conséquence, au point de vue tout personnel de la naturalisation.

Eh quoi donc ! un mari *integri statûs* peut, sans le concours de la volonté de sa femme, (ce point est généralement admis), changer sa nationalité ; il peut se faire naturaliser à l'étranger, au cours du mariage, sans consulter sa femme. Et ce droit serait refusé à la femme, *après* qu'elle a obtenu un jugement de *séparation de corps*, alors que les liens de subordination *personnelle* ont été rompus, alors qu'elle peut vivre à l'étranger, alors qu'une naturalisation complémentaire de sa situation lui donnerait peut-être des moyens d'existence, lui ouvrirait une profession lucrative, ou lui conférerait la capacité nécessaire à l'effet de recueillir, pour elle et ses enfants, une succession opulente, dont autrement elle demeurerait exclue ! Le mari serait ainsi constitué l'arbitre de la nationalité de sa femme, le surveillant de son état civil, l'opposant éventuel à une mesure de naturalisation, alors qu'il lui a fermé sa maison et qu'il a été déclaré suspect par un arrêt de la justice !

La règle peut être maintenue vis à vis de la femme *séparée de* BIENS qui conserve sa place au foyer domestique : elle est inadmissible vis à vis de la femme *séparée de* CORPS. A nos yeux, l'unité de nationalité et l'unité de domicile sont deux idées connexes qu'il ne faut point séparer, parce que, encore une fois, il existe entre elles une relation manifeste de cause à effet.

2° M. J.-E. Labbé invoque, en second lieu, l'art. 1449 du Code civil, qu'il rapproche habilement des art. 215, 216, 217 et suivants du même Code. Ces articles combinés affranchissent la femme séparée de corps et de biens ou de biens seulement, de la nécessité de l'autorisation maritale uniquement pour les actes d'administration et, dans une certaine mesure, pour l'aliénation du mobilier : donc *pour tout le reste*, la femme, malgré même la séparation de corps par elle obtenue, demeure incapable et assujettie à la nécessité de l'autorisation maritale ou de justice, suivant le droit commun. La femme, quoique séparée de corps, ne pourrait pas aliéner un hectare de terres sans autorisation : donc à plus forte raison elle ne peut pas disposer de son état civil : elle ne peut pas aliéner sa nationalité française pour en obtenir une autre, sans être préalablement autorisée soit par son mari, soit par la justice.

Il est facile de réfuter ce second argument par une double considération. D'une part, les art. 1449, 215, 217 et suivants du Code civil s'occupent exclusivement des actes concernant les biens, le patrimoine de la femme : ils sont étrangers aux questions purement personnelles pouvant intéresser celle-ci : il faut remonter, pour ce qui concerne ces sortes de difficultés, aux art. 108, 212, 213 et 214, dont précisément la séparation de corps ébranle et entame singulièrement l'application.

D'autre part, il convient de ne point perdre de vue la règle de logique et d'interprétation aux termes de laquelle, *qui ne peut pas une chose, en peut souvent une autre.* Il n'y a aucun rapport entre ces deux idées l'aliénation des biens, et la naturalisation de la personne. Ce sont deux points de vue essentiellement divergents : l'on ne peut pas raisonner de l'un à l'autre. Autrement, il serait facile d'arriver, avec le même procédé, à démontrer la persistance nécessaire du domicile commun (art. 108) même après la séparation de corps, ce que nul jurisconsulte autorisé ne soutient aujourd'hui.

Nous repoussons donc le second argument présenté par M. Labbé, — d'abord, parce qu'il est fondé sur des textes qui ne prévoient nullement notre question de naturalisation, — ensuite, parce que l'argument *à fortiori* du savant professeur nous paraît tendre à prouver beaucoup plus que son auteur ne le désirerait certainement : de plus, il méconnaît la règle suivant laquelle, en présence de situations essentiellement différentes, il devient impossible de raisonner soit *à pari*, soit même *à fortiori*.

3° Le vœu de la loi du 8 mai 1816, en admettant seulement la séparation de corps, est, ajoute M. Labbé (pag. 415), de maintenir la possibilité d'une réconciliation : or, « de tous les actes que la femme peut accomplir, la naturalisation en pays étranger est celui qui contrariera le plus le but indiqué et rendra le plus promptement la séparation irrémédiable. » Donc, la nécessité de l'autorisation maritale doit être imposée à la femme mariée même séparée de corps, plus encore pour la naturalisation que pour une aliénation d'immeubles.

Nous ferons ici deux réponses : d'abord ces réconciliations tardives, qui sont dans le vœu du législateur, sont bien rares dans la pratique. Les souvenirs du passé, les amertumes de la procédure, les décisions de la justice se réunissent pour creuser l'abîme entre les époux : s'il y a quelques exemples de réconciliations survenues au cours de la procédure, il y a, au contraire, fort peu de réconciliations survenues après le jugement ou l'arrêt prononçant la séparation de corps. Il faut donc tenir un compte médiocre de cette considération législative.

D'autre part, cette possibilité d'une réconciliation n'arrêtait pas le droit canon, ni l'ancien droit français, devant la profession religieuse et les vœux monastiques solennels : voyez *suprà*, n° 17, et Pothier (*Traité du contrat de mariage*, n° 474, édition Bugnet, t. vi, p. 215); ajoutez M. Tissot, sur le *Mariage, la séparation et le divorce*. Or la profession religieuse créait certainement un obstacle définitif à toute réconciliation ultérieure entre l'époux profès et son ancien conjoint : elle présentait tous les inconvénients que peut engendrer aujourd'hui la naturalisation : et cependant l'on pouvait passer outre !!!

4° L'on objectera peut-être que l'époux qui embrassait ainsi la vie religieuse après la séparation de corps était sans doute soumis à la mort civile. Mais il n'acquérait pas la faculté de divorcer, ce que précisément aujourd'hui la naturalisation, dans la plupart des pays étrangers, peut donner à l'époux ainsi naturalisé.

Ce n'est pas la première fois, répondrons-nous, qu'un principe posé en vue d'un cas déterminé, aboutit à des conséquences ultérieures que ses auteurs n'avaient point prévues ; la règle admise autrefois en matière de profession religieuse a sa base directe dans un certain affranchissement *personnel* de l'époux séparé : eh bien ! nous invoquons précisément cet affranchissement traditionnel de la *personne*, après la séparation de corps, pour arriver à proclamer la liberté de la naturalisation, *liberté que tous les auteurs et arrêts accordent à l'homme et qu'il serait injuste de ne pas reconnaître aussi à la femme séparée.*

Sans doute, cette liberté pourra conduire à un divorce : c'est même ce qui est arrivé pour Mme la princesse de Bauffremont. Mais n'oublions pas que nous raisonnons ici avec les lois promulguées : il ne s'agit pas de déterminer ce qui pourrait être désirable au point de vue d'une réforme législative ; et certes les réformes à opérer ne manqueraient pas en matière de réglementation matrimoniale, si l'on voulait s'en occuper ! Voyez M. Massol, *Traité de la séparation de corps*, projets de réforme, pag. 437 à 490 (édition de 1875). Il ne s'agit pas davantage de ce placer au point de vue des dogmes religieux. Il s'agit d'appliquer et d'interpréter la loi civile existante. Or, d'après cette loi, le ma-

riage est considéré comme un contrat civil : il n'est plus,
ainsi que dans l'ancien droit français, envisagé, dans
le for extérieur, comme un sacrement. Nous mainte-
nons que ni le Code civil, ni aucun autre Code ou loi
ne contiennent une disposition d'où l'on puisse inférer
une restriction quelconque soit à la liberté de naturalisation, à l'étranger, des femmes séparées de corps, soit
à la liberté du divorce et du convol de ces mêmes femmes
une fois naturalisées dans un pays qui admet cette institution. L'on peut protester contre cette situation :
mais, en attendant, elle existe et, tant qu'elle ne sera
pas changée, elle lie les tribunaux interprètes soumis de
la loi promulguée.

5° Nous répondons ainsi, par avance, à une nouvelle observation que M. J.-E. Labbé puise dans un
arrêt de la Cour de cassation du 16 décembre 1845
(Sirey-1846-1-100). La Cour suprême, nous dit-il
(pag. 420), a décidé que, « lorsqu'il est constaté qu'un
Français s'est fait naturaliser en pays étranger dans le
but d'arriver à un résultat réprouvé par la loi française
et afin de se procurer une liberté que cette loi lui refuse,
cette naturalisation doit être considérée comme faite en
fraude de la loi française et réputée nulle au regard des
autorités françaises. » Or, Mme la princesse de Bauffremont s'est fait naturaliser dans le duché de Saxe-
Altenbourg dans le but d'arriver ensuite à la procla-
mation d'un divorce et à un second mariage avec le
prince Georges Bibesco, actes prohibés par la loi française ; donc cette naturalisation est nulle, avec le
second mariage qui s'en est suivi.

Notre éminent collègue sait, mieux que nous, que les
arrêts de la justice sont (suivant une formule vulgaire)
bons pour ceux qui les obtiennent. La chose jugée n'a
d'effet qu'entre les parties en cause (art. 1351 Cod.

civ.) : *Res inter alios judicata aliis nec nocere, nec prodesse potest.*

La différence, d'ailleurs, est considérable entre l'espèce jugée par la Cour de cassation le 16 décembre 1845 et le cas actuel de Mme la princesse de Bauffremont. La Cour suprême était placée en 1845 en face du fait suivant : un homme, Français d'origine, marié et *integri statûs*, avait formé le projet de dissoudre *arbitrairement* son premier mariage. Pour obtenir ce résultat, *de concert avec la femme qu'il voulait épouser en secondes noces*, il était allé passer quelques mois en Suisse, pour s'y faire naturaliser : puis il avait imposé à sa première femme le divorce et *était* ensuite *revenu en France* s'y fixer de nouveau et convoler au second mariage projeté. La Cour suprême a déclaré que la naturalisation et le divorce ainsi obtenus étaient comme non avenus relativement à la première femme et que la seconde n'était pas valablement mariée.

Tout autre est la situation de Mme la princesse de Bauffremont : elle est étrangère, Belge et non point Française d'origine; elle était déjà judiciairement séparée de corps et n'était plus *integri statûs*, quand elle s'est fait naturaliser en Allemagne; elle n'est pas venue porter un insolent défi aux lois françaises : elle a définitivement quitté la France pour aller vivre, libre et respectée, dans une nouvelle famille et dans un pays plus hospitalier pour elle.

Mme la princesse de Bauffremont a usé (nous l'avons démontré plus haut) d'un droit que lui reconnaissaient à l'envie les lois existantes en France et en Allemagne : or, nul ne peut être réputé faire grief à qui que ce soit, quand il use d'un droit : *Neminem lædit qui suo jure utitur.*

.A vrai dire, du reste, notre éminent contradicteur ne paraît pas avoir lui-même une confiance bien robuste dans le précédent qu'il cite : car voici comment il termine sur ce point : « Nous avons tenu, déclare-t-il (p. 421), à indiquer ce motif de nullité : mais nous estimons que le moyen tiré du défaut d'autorisation maritale est la base *la plus solide* d'une solution juridique. »

Revenons donc à ce dernier ordre d'idées, à propos duquel nous sommes en complet dissentiment avec M. J.-E. Labbé, et suivons l'éminent jurisconsulte sur le terrain des lois allemandes. Ceci nous amène au sixième et dernier argument.

6° M. J.-E. Labbé (p. 418 et 449) se place successivement à deux points de vue, au point de vue de la naturalisation obtenue dans le duché de Saxe-Altenbourg (p. 419), et au point de vue du mariage contracté ensuite à Berlin avec M. le prince Georges Bibesco (p. 418).

En ce qui touche la naturalisation obtenue par Mme la princesse de Bauffremont, M. Labbé la déclare nulle et non avenue non-seulement devant les lois françaises, mais encore devant la loi allemande elle-même : « Il existe, dit-il, sur la matière de la naturalisation en Allemagne une loi du 1 juin 1870. — Faite pour la Confédération de l'Allemagne du Nord, cette loi a été déclarée applicable à tout l'empire allemand par une disposition additionnelle à la constitution du nouvel empire, loi du 16 avril 1871. » Voyez *l'Annuaire de législation étrangère*, t. I, année 1872, pag. 183 et 263. L'article 8 (cité *suprà*, n° 5) de la loi allemande du 1 juin 1870 restreint formellement le bénéfice de la naturalisation aux étrangers qui « *sont capables de disposer de leur personne d'après les*

lois du pays auquel ils ont appartenu jusqu'alors. »
S'ils ne jouissent pas de cette capacité, ils doivent se procurer l'assentiment de leur *père, tuteur ou curateur* : or, Mme la princesse de Bauffremont n'avait pas la libre disposition de sa personne, d'après la loi française à laquelle elle avait appartenu jusqu'alors ; elle devait se munir de l'autorisation de son mari ou de celle de la justice : elle ne l'a pas fait : donc la loi allemande ne reconnaît pas plus que la loi française la validité de cette naturalisation. »

Notre réponse est déjà faite à l'avance par les développements que nous avons présentés plus haut sous le n° 17 : nous ne voulons pas y revenir pour éviter les redites. Nous nous bornerons à soumettre ici une double observation :

D'une part, contrairement à l'opinion de M. Labbé, nous croyons avoir établi qu'une femme mariée à un Français, est apte, une fois séparée de corps, à se faire naturaliser à l'étranger sans aucune autorisation préalable de son mari ni de la justice. Or, Mme la princesse de Bauffremont était précisément dans cette situation : donc elle était capable de disposer de sa personne librement au point de vue de la naturalisation : d'où il suit que l'acte passé par elle dans le duché de Saxe-Altenbourg, se trouve parfaitement légitimé à la fois devant la loi française et devant la loi allemande.

D'autre part, nous ferons remarquer que l'art. 8 précité de la loi prussienne du 1 juin 1870 ne contient aucune exigence relativement à l'autorisation *maritale.* L'on peut tirer de ce mutisme une nouvelle induction en faveur de notre doctrine, induction qui acquiert de la force par sa combinaison avec les autres arguments. L'art. 8 parle, en effet, du père, du tuteur, du curateur dont l'assentiment peut être prescrit : mais il ne fait aucune allusion au *mari* d'une femme séparée requérant pour elle-même la naturalisation.

Nous arrivons ainsi au second point de vue de notre savant contradicteur : nous voulons parler du mariage, contracté à Berlin, le 25 octobre 1875, par Mme la princesse de Bauffremont avec M. le prince Georges Bibesco. — M. J.-E. Labbé déclare également ce mariage nul et non avenu à la fois aux yeux de la loi française et même aux yeux de la loi allemande. Son motif est que l'art. 734 du Code civil allemand (cité plus haut n° 5) ne s'occuperait pas des jugements de séparation de corps rendus à l'étranger : il ne s'occuperait que des jugements rendus et des mariages célébrés en Prusse par les autorités de ce pays. Pour les séparations de corps, prononcées hors du territoire allemand, il faudrait accepter la décision restrictive contenue dans une ordonnance du cabinet prussien en date du 17 août 1815 (voyez le texte *suprà*, n° 5) : cette ordonnance restreint, en effet, l'application de l'art. 734 aux étrangers appartenant à la religion évangélique, c'est-à-dire aux protestants, et encore à la condition qu'ils viennent s'établir dans les Etats prussiens. Mme la princesse de Bauffremont, dit M. J.-E. Labbé, ne semble être fondée à invoquer, « ni l'article 734 du Code civil de Prusse, parce que son mariage et sa séparation se sont accomplis en France, sous l'empire de la loi française, ni l'ordonnance du 17 août 1815, parce qu'elle n'appartient pas à la religion évangélique, et peut-être aussi parce qu'elle n'a pas fixé son domicile en Prusse. »

L'objection est certainement spécieuse : mais elle nous paraît toutefois susceptible d'une réfutation victorieuse.

Nous commencerons par écarter de la discussion l'ordonnance du 17 août 1815. Cette ordonnance *déjà ancienne* du cabinet prussien ne peut certes pas avoir force de loi contre les termes formels de l'art 734 précité : ce texte est général et ne distingue pas : « Si une séparation constante de table et de lit a été judiciairement prononcée *entre époux catholiques*, elle a tous les effets civils d'un divorce. » Cet article 734 dit « *entre époux catholiques*, » sans examiner à quelle nation appartiennent ces époux, ni en quel lieu la séparation de corps aurait pu être prononcée, en Allemagne ou en pays étranger. Or, c'est surtout pour les étrangers, appartenant à un pays qui n'admet pas le divorce, que l'art. 734 présente une utilité réelle; car pour les époux habitant des pays dont les lois consacrent l'institution du divorce, il sera très-rarement question d'invoquer plus tard, en Allemagne, l'assimilation offerte par le *Landrecht* : le divorce aura été prononcé à l'avance, et tout sera terminé. L'art. 734 une fois restreint, dans son application, aux Allemands d'origine et aux individus naturalisés Allemands, serait presque une lettre morte dans la pratique.

Ce ne serait pas d'ailleurs, la première fois qu'une ordonnance serait tombée en désuétude et aurait été repoussée par la doctrine, comme étant en contradiction flagrante avec le droit promulgué. Nous en avons cité un exemple, d'après M. Demolombe *(Traité des successions,* t. i, n° 71), dans notre livre sur la *possession des meubles et les titres au porteur*, sous l'empire même des lois françaises. Nous voulons parler de la décision ministérielle du 3 août 1825 : il s'agissait de l'application des règles de l'occupation : une dame Lancesseur avait trouvé une montre en or au mois d'octobre 1821 et en avait effectué le dépôt conformément aux réglements de police : en 1825, cette dame demandait à en être reconnue propriétaire par voie d'occupation ; le ministre des finances a décidé, le 3 août 1825, par application de l'art. 2279, al. 2 du Code civil, que, trois ans s'étant écoulés sans que personne fût venu réclamer ladite montre, le prix en était définitivement acquis à l'inventeur. Les jurisconsultes se sont unanimement élevés contre l'autorité de cette décision ministérielle : ils ont démontré qu'elle était contraire à la fois à l'art. 2279, al. 2, et aux règles les plus certaines de notre législation française : aujourd'hui l'on s'accorde à décider que l'inventeur ne peut devenir propriétaire des objets par lui trouvés et non réclamés, qu'au bout de trente ans révolus. L'ordonnance précitée du ministre des finances de France a perdu tout crédit dans la théorie.

Nous ne serions pas bien étonné que pareille aventure fût arrivée à la fameuse ordonnance du cabinet prussien en date du 17 août 1815 que M. Labbé met en avant pour limiter la portée et corriger le texte de l'art. 734 du Code civil allemand.

L'unanimité avec laquelle les journaux étrangers et spécialement les correspondances allemandes approuvent la conduite de l'officier public de Berlin, qui a célébré le mariage de Mme la princesse de Bauffremont avec M. le prince Georges Bibesco, constitue déjà un préjugé favorable à l'appui de notre supposition.

Une autre considération achèvera d'en démontrer la vérité pratique. L'on sait qu'après l'annexion de l'Alsace et de la Lorraine, une loi allemande du 27 novembre 1873 a abrogé, dans ces pays, l'ancienne loi française du 8 mai 1816 et rétabli purement et simplement le divorce. (*Annuaire de législation étrangère*, t. III, année 1874, pag. 559 et 560.) Or, les articles 2 et 3 de cette loi ont étendu la faculté du divorce aux faits antérieurs à l'annexion et aux individus simplement

séparés de corps antérieurement à la promulgation de
la nouvelle loi, consacrant ainsi manifestement la *généralité* d'application du fameux article 734 du *Landrecht*
allemand : « Les faits, dit la loi allemande du 27 novembre 1873, art. 2, qui, d'après les prescriptions du
Code civil, autorisent une demande de divorce, peuvent
également avoir cet effet, alors même qu'ils seraient
antérieurs à la promulgation de la présente loi. » Puis
l'article 3 ajoute : « Ceux qui, sous l'empire de la loi
du 8 mai 1846, ont obtenu la séparation de corps,
peuvent, en se fondant sur la décision obtenue, demander le divorce par une procédure régulière, pourvu
qu'aucune réconciliation ne soit intervenue. — Dans les
instances pendantes, la demande en séparation de corps
peut être changée en une demande de divorce : la procédure n'en sera pas modifiée. » Tous ces principes
semblent bien écarter la possibilité d'une interprétation
restrictive de l'art. 734 du *Landrecht* allemand.

19. Nous croyons utile, en terminant cette discussion du système si habilement présenté par M. Labbé,
d'appeler l'attention de notre savant maître sur une
conséquence vraiment excessive de sa doctrine. Si la
théorie par lui proposée est vraie, Mme la princesse
de Bauffremont serait à la fois adultère et bigame,
c'est-à-dire deux fois justiciable des tribunaux répres-
sifs. M. le colonel de Bauffremont aurait le droit d'agir
par lui-même au mieux de ses intérêts, à l'aide de
l'action privée, et aussi de provoquer la mise en mouvement de l'action du ministère public, par une plainte
motivée, le cas échéant.

Eh bien ! laissons, pour un instant, de côté l'affaire
de Bauffremont, et faisons une simple hypothèse, dont
la réalisation ne serait certainement pas impossible
peut-être dans une autre instance. Supposons qu'un

mari., placé dans de semblables conditions, et fatigué de son célibat forcé, vînt à installer publiquement et notoirement dans sa propre maison une concubine : aucun reproche *légal* ne pourrait lui être adressé (art. 339 du Code pénal); car il n'y aurait plus de maison conjugale, ce mari ayant été atteint par un jugement de séparation de corps.

Pendant ce temps, sa femme naturalisée sans son autorisation, dans un pays qui assimile la séparation de corps, pour ses effets, à un véritable divorce, s'est remariée officiellement : elle est devenue l'épouse légitime d'un galant homme, lequel, étranger d'origine, l'a acceptée sous la protection de ses lois nationales, devant l'officier de l'état civil et devant les prêtres de son pays.

Une fois mariés, les deux nouveaux époux viennent en France : et voilà que le premier mari, vivant dans un concubinage public, va pouvoir mettre en mouvement les autorités françaises, pour constater le prétendu flagrant délit. Il va pouvoir, en invoquant les art. 336 à 338 du Code pénal, poursuivre la femme comme convaincue d'adultère, et la faire condamner avec son second mari comme complice, à l'emprisonnement et à l'amende ! En effet, si l'adultère du mari séparé de corps n'est plus punissable après la séparation (art. 339 Cod. pén.), l'adultère de la femme reste, au contraire, toujours soumis à la répression de l'art. 336 du Code pénal : Comparez M. Demolombe et les autorités qu'il rapporte, dans son *Cours de Code civil*, t. IV, n° 500.

Est-ce que cependant un pareil résultat n'est pas choquant et immoral au premier chef? Comment ! le premier mari, qui n'a pas su évidemment remplir ses devoirs, puisqu'il a été atteint par un arrêt de la justice, qui vit actuellement dans un désordre connu de tous , va pouvoir ainsi obtenir main-forte des autorités françaises ! Il va être admis à traduire en justice, en l'accusant d'adultère, une femme qui est allée demander un asile à un pays étranger, où elle a trouvé le repos et le respect , et où elle est proclamée *officiellement* femme légitime ! Le second mari sera traduit à côté de cette femme , qui est la sienne après tout aux yeux de sa loi nationale, sur les bancs de la police correctionnelle, comme complice d'adultère ! Le concubinage légalement toléré et sans répression possible en France (art. 338 du Code pén.), vu l'absence de domicile conjugal, va donc pouvoir ainsi s'attaquer, avec des chances de succès, au mariage légitime , officiellement contracté à l'étranger ! C'est manifestement monstrueux ; et cependant ce résultat serait inévitable, et le cas pourrait se présenter dans une autre affaire peut-être , si le système contraire au nôtre devait triompher en matière de naturalisation.

Cette extrémité véritablement excessive a été , pour beaucoup, dans les efforts que nous avons faits pour combattre la doctrine rigoureuse, qui refuse à la femme séparée de corps le droit de se faire naturaliser à l'étranger, sans l'autorisation de son mari ou de la justice, alors que le mari est entièrement libre, soit avant, soit après la séparation, de procéder à son profit à cette même naturalisation. Il faut prendre garde de mériter l'application d'une réflexion faite par un éminent jurisconsulte étranger, dans la *Revue de droit international et de législation comparée*, t. iv, année 1872, p. 353 : « Le législateur français n'a point le monopole des lois morales, et il est toujours délicat de vouloir décider arbitrairement quelles sont les règles de droit naturel, devant lesquelles tous les peuples devront s'incliner. Le mieux est de maintenir le respect dû aux législations étrangères, statuant sur l'état et la capacité des personnes soumises à leur souveraineté. »

20.   Notre conclusion sera donc en faveur du système présenté déjà en 1845 par M. Blondeau. Nous tenons pour certains, (tout en reconnaissant les sérieuses controverses que peuvent soulever ces sortes de questions), les deux points suivants :

1° Mme la princesse de Bauffremont a pu *légalement*, soit au point de vue allemand, soit au point de vue français, se faire naturaliser Allemande, sans l'autorisation de son mari ou de la justice, après sa séparation de corps prononcée en France.

2° L'officier public de Berlin a agi correctement, en célébrant, à la date du 24 octobre 1875, le second mariage de Mme la princesse de Bauffremont avec M. le prince Georges Bibesco. Ce second mariage est parfaitement valable *devant la loi allemande :* il ne l'est pas moins *devant la loi française*, à cause du statut personnel nouveau dont Mme la princesse Georges Bibesco peut désormais invoquer l'application comme femme naturalisée Allemande : argument de l'art. 3, al. 3 du Code civil. Comparez les autorités rapportées par M. Demolombe, t. i, n°s 97 à 102.

Toutefois, il ne faut pas oublier qu'en définitive, il s'agit ici de questions fort graves, tout à fait neuves en doctrine comme en jurisprudence et essentiellement susceptibles de se prêter aux avis les plus divers, dans le domaine du droit qui est ici exclusivement le nôtre.

Le tribunal civil de la Seine, la Cour d'appel de Paris et la Cour de cassation seront bientôt, sans doute, successivement saisis de la difficulté qui est, à l'heure actuelle, pendante devant le premier degré de juridiction. Qu'il nous soit permis de regretter le laconisme des textes et le silence de la loi en de semblables matières.

Il est véritablement difficile, en présence d'une situation si douloureuse et de débats si regrettables pour la dignité de familles honorables, de se défendre d'un profond sentiment de tristesse. Nous eussions désiré supprimer les noms des parties dans cette étude : cela était impossible, à cause des documents diplomatiques à citer et de la nature des faits à apprécier : ces noms d'ailleurs ont été déjà renvoyés par les journaux à tous les échos de la publicité. Du moins nous avons essayé de nous maintenir dans la région abstraite et élevée des principes, en nous abstenant de tout ce qui pouvait, de près ou de loin, ressembler à une critique, toujours déplacée, de la conduite des personnes.

Plus d'une fois, en venant, après M. Blondeau, soutenir la doctrine qui nous paraissait la plus juridique sur ce sujet, nous nous sommes rappelé la judicieuse réflexion d'un vieil auteur, D'argenré, dans une circonstance analogue : « *Ætati nostræ irascendum, quæ, cùm tàm magnos jurisconsultos per omnes dignitatum gradus evexerit, nulli tamen in mentem venerit, quod unico verbo fieri poterat, lege dissidium judicantium componere.* »

Quelle mine inépuisable de réformes et d'améliorations nos lois civiles ouvriraient aux députés de l'avenir, s'ils daignaient faire un peu moins de politique et un peu plus de législation rationnelle et usuelle !

Paris, ce 15 février 1876.

DANIEL DE FOLLEVILLE.

— Lille. Typ. J. Lefort. 1876. —

www.ingramcontent.com/pod-product-compliance
Lightning Source LLC
Chambersburg PA
CBHW051609060726
47597CB00004B/1211